Friedrich Wambsganz

70 zeitkritische Gedichte-
Anregungen für Staat, Kirchen und das eigene Ich

Bibliographische Information der Deutschen Nationalbibliothek

Die Deutsche Nationalbibliothek verzeichnet diese Publikation in der Deutschen Nationalbibliographie. Detaillierte bibliographische Daten sind im Internet unter http://dnb.d-nb.de abrufbar.

70 zeitkritische Gedichte – Anregungen für Staat, Kirchen und das eigene Ich

Gedankenappelle für Frieden, Glück und Selbstbestimmung

Herstellung und Verlag:
BoD - Books on Demand, Norderstedt

ISBN 978-3-7448-2840-6

Das Buch wurde erstmals ab 4/2014 bis 7/2017 beim Gabriele Schäfer Verlag verlegt und erschien unter dem Titel „Fragen zu Diesseits und Jenseits" in 1. Auflage.

Inhaltsverzeichnis: *70 zeitkritische Gedichte – Anregungen für Staat, Kirchen und das eigene Ich*

Anfragen an Gott

Warum, Herr, hast Du dir so viel Zeit mit dem Menschen gelassen?

Zwölf Milliarden Jahre genügtest Du Dir allein,

dann schufst du erst lebende Organismen und Tiere,

ganz zuletzt – oder vielleicht vorletzt? – den Menschen.

Fünf Millionen Jahre brauchte es für die Entwicklung der Primaten zu Hominiden,

kürzlich erst – in weltgeschichtlicher Betrachtung – ist vom denkenden Menschen die Rede.

Ahntest Du, dass Deine Produkte nie Frieden suchten, sondern nur Streit?

Selten waren sie versöhnlich, nur nach Verlusten zeigten sie sich zum Ausgleich bereit.

Andauernd wurde geschändet, getötet, zerstört -

Massenmorde als Siege gefeiert - das keimhaft Gute ins Böse verkehrt.

Ist Dir noch geheuer mit dem höchsten Evolutionsprodukt?

Hast Du Dich nach Erfindung der Freiheit beschämt weggeduckt?

Denkst Du vielleicht weiter voraus, hinweg über uns als Experiment,

damit in ferner Zukunft neue Geschöpfe werden, die Deine Gaben ehren?

Erst morgen sollen wohl echte Vertreter Deiner selbst auftreten,

die Freiheit vernünftig gebrauchen und Dich in Demut anbeten.

Als Schöpfer bist Du vollkommener als wir - uns bleibt das Streben zu Dir.

Die Schöpfung

Der Theologe findet in ihr das Werk des Herrn.

Der Landwirt sieht den Nutzen gern.

Der Ingenieur baut, was der Bauherr mag.

Der Bankier freut sich am Geldertrag.

Optimisten reden von linearer Evolution,

Pessimisten fürchten das Desaster schon.

Die einen preisen und verwerten, andere protestieren;

es gibt Fortschritt, obwohl andernorts viele vegetieren.

Noch gibt es geisteswissenschaftliche Tradition,

doch die Naturwissenschaft bestimmt den Ton.

Entspricht ein Schöpfungswort noch den glühenden Massen?

Entsteht neuer Galilei-Aufruhr in den städtischen Gassen?

Ist der Urheber jetzt noch der „gütige Vater"?

Sind die hehren Worte bloß noch Theater?

Ist der Verstand nur Funktion von Nervenbahnen?

Sind unsere Seelen schon als materiell zu erahnen?

Alles Leben entstand aus Atomen in langen Zwischenstufen,

hört da überhaupt ein ebenbildlicher Gott ein flehentliches Rufen?

Gibt es vielleicht zwei Götter – einen für das Harte, den andern für das Weiche?

Sind die Gegensätze nur scheinbar, bloß polare Sichtweisen für das Gleiche?

Man war auch dabei

Haben Sie nichts gehört, gesehen, gelesen?

Mussten Sie wirklich diese Untaten durchführen?

Waren Ihre Schüsse reiner Dienst fürs Vaterland?

Wurden Sie bei Verweigerung mit dem Tod bedroht?

Gingen Ihnen niemals die Augen bei „Säuberungen" auf?

Waren Sie immer nur ein Rädchen in der Maschine?

Ich wusste von nichts!

Ich tat nur meine Pflicht!

Ich diente treu dem Reich!

Ich glaubte an meinen Führer!

Ich befand mich im Befehlsnotstand!

Ich habe nur getan, was alle tun mussten!

Alle Täter waren Christen,

die ein Gewissen nicht vermissten.

Sie waren gläubig, gehorsam und fromm;

Sie beteten: „Gib, dass ich in den Himmel komm".

Was denn funktionierte nicht? -

Das entscheidet höheres Gericht.

Frühlingserwachen

Grüne Finken tschirpen emsig hüpfend.

Weidenbüsche treiben Silberkätzchen.

Graue Wässer werfen leise Wellen.

Fahle Wiesen fangen an zu grünen.

Osterglocken nicken sanft.

Tief hol ich Luft und denke:

Schön! Heute hör ich keine Nachricht!

Frisch schreit ich und versenke

Mich in Natur und ihr Gedicht –

Verscheuche rasch der Welt Gesicht.

Ich verleugne Gift und Rauch,

beachte nicht die menschliche Gewalt;

denke an Zerfall nicht und Zerstörung.

Idylle möchte ich, nicht Empörung;

heut gilt Idealgestalt!

Ich darf mich an Erneuerung ergötzen –

Zu andrer Stunde ist Kritik zu setzen.

Stets nutzt die Natur der Menschen Geist,

doch stärker dräut nach ewigen Gesetzen

ein höherer Wille, der uns weist.

Klagelied

Gott, Du borgst uns Deinen Geist nur 80 Jahre –

nicht einmal von der Wiege bis zur Bahre.

Dann forderst Du zurück Verstand und Körper,

am Ende lallen wir kaum verständliche Wörter.

Sollen wir absichtlich klein gehalten werden,

warum müssen wir als Unmündige sterben?

Hast Du Sorge, dass wir Dir zu rasch Paroli bieten,

nimmst Du uns aus Eifersucht heraus hienieden?

Reicht Dir unsere kurze Gegenwart,

weil wir böse Deiner Pläne Widerpart?

Zählt nur der Entwicklung fernes Ziel,

sind wir Mikroben nur im Jahrmillionen-Spiel?

Vergeuden wir wie Prometheus Dein heilig Feuer

und die geliehenen Gaben, die Dir lieb und teuer?

Lehr uns wieder Anbetung und Bescheidenheit

sowie die bewährten Werte der Vergangenheit!

Eigentum

Du gibst uns, Herr, die Dinge bis zuletzt,

dann reißt du sie uns für immer aus der Hand.

Nicht nützt es, wenn wir sie festhalten;

Denn für Dich ist alles nur Tand.

Wir fragen nach der Dauerhaftigkeit von Arbeit und Besitz.

Du aber gewährst nur kurze Fristen, als wäre unser Tun nur Witz.

Sogar die geistigen Werte und eine ernsthafte Liebe –

Du forderst unnachsichtig alles zurück, als wären wir bloß Diebe.

Was sollen wir tun, wir Mieter auf Zeit?

Nachdem wir von Deinen Gaben Gebrauch gemacht haben,

nimmst Du uns das Erworbene weg und stößt uns ins Leid!

Es scheint, dass die geliehenen Fertigkeiten und sogar das Glück

nur den Sinn von Steigerung ins Geistige haben,

dann sollen wir alles verlassen, und Du rufst die reine Person zurück.

Dank

„Über allem waltet weise Fügung", resümierte Faust,

und der Himmel schloss nach seiner langen Lebensübung:

„Wer immer strebend sich bemüht, den können wir erlösen."

Spät war er willens, sein Versäumen zu entblößen.

Frei sollst du sein, und genauso wähnst du dich,

doch den größeren Rahmen merkst du nicht.

Du verstrickst dich in die angestrebten Dinge;

so lagern sich an die verbrauchten Jahresringe.

Erst in der Rückschau dank der weiteren Entfernung

siehst du die eigentliche Planung, wie nach Entkernung.

Dein Ich wird nunmehr klar, nach oben offen,

auf neuer Basis kannst du erleichtert hoffen.

Oft bestand dein Wollen im Verkennen nur,

jetzt endlich wird offenbar dir die gelegte Spur!

Denn letztlich leitet dich auf verborgenem Pfade

des Höchsten fast unbegreifliche, führende Gnade.

Staffellauf

Gott der Natur,

Du bevorzugst das Werden.

Eine kurze Strecke nur,

dann müssen wir sterben.

Was wir kleine Wesen fühlen,

das ficht Dich wenig an.

Vergänglichkeit wird alles wegspülen.

Jedes Einzelwesen dahin – das war es dann!

Sind denn nur Wachsen und Sterben wahr,

oder waltet über der Grobheit das Feine?

Ist der Naturgeist, Du Gottheit, auch der Deine?

Unser Protest muss der Demut weichen.

Still zagend sollen wir verbleichen.

Wirst Du drüben Deine Hand uns reichen?

Der Aufschrei

Bekämpfet nicht des reifen Dichters letztes Wort;

denn er (G. Grass) gemahnt zum Frieden dort,

wo der im Nahen Osten stets massiv bedroht ist

und der Ruf nach Bomben und Raketen groß ist.

Im Gegensatz zur allgemeinen Warnung der Religionen,

deren Führer gelassen auf den hohen Sesseln thronen,

scheut er nicht die Analyse des Konkreten:

Darum kehrt ab von vernichtungswilligen Pamphleten!

Seine Mahnung bezieht nicht Stellung für die eine Seite,

sein ernstes „Halt" greift vielmehr international ins Weite.

Noch fordert militärisches Kalkül `nur´ das Gleichgewicht der Schrecken.

Deshalb, ihr lauten Präventiven, lasst eure atomaren Waffen stecken!

Die Losung „Frieden" braucht wohl jetzt noch manche Drohung,

doch solche Praxis verträgt nicht lang die politische Belohnung.

Eintracht heißt das höchste Ziel von religiöser „Offenbarung",

nehmt endlich den Hass auf Menschenbrüder in Verwahrung!

Geduld

Eine Unendlichkeit mit Dir allein (oder wart Ihr immer schon viele?).

Vor 14 Milliarden Jahren: ein Urknall mit auseinander rasenden Galaxien.

Vor 5 Milliarden Jahren: die zufällige Formung unseres Spiralnebels.

Vor 3 Milliarden Jahren: die Verklumpung des Planeten Erde im Sonnenumlauf.

Seit 1 Milliarde Jahre gibt es erst Leben, das sich fortpflanzt, frisst und bewegt.

Weitere 995 Millionen Jahre vergehen, bis der instinktiv handelnde und schließlich sogar denkende Mensch diese Erde bewohnt und umgestaltet.

Hast Du, Ewiger, ungebrochen Geduld?

Bist Du schlicht ohne Zeit?

Doch Stillstand zählt bei Deinen Geschöpfen als Schuld.

Das Resultieren auf einen geistigen Ursprung erscheint uns zu weit.

Wusstest Du, was nach unserem Auftreten alles kommt?

Kannst Du ermessen, was uns Geschaffenen alles frommt?

Schaust Du uns vielleicht nur von ferne aus Deinem Reiche zu

und verharrst mit wenig Teilnahme in majestätischer Ruh?

Wir aber sind auf knappe Fristen angewiesen,

soll uns das kurze Leben nicht verdrießen.

Wir nutzen also notgedrungen eigene Kraft

und erhoffen betend Deine wirkende Macht!

Lehrersein

Da sitzt sie nun vor einem, die neue selbstbewusste Generation.

Werde ich diesen Schülern heute genügen?

Fließen die trefflichen Worte, bilden sich die adäquaten Fragen?

Fügen sich die Aspekte zur wirklichen Antwort auf der Ebene des Ganzen?

Entsteht das Besondere, ergibt sich ein geistiges Vorwärts?

Wird Geisteswissenschaftliches tragend zur Atmosphäre der Stunde?

Oder –

Bin ich diesmal nicht so gut in Form?

Vielleicht nur stockendes Gefasel, wirres Hin und lustloses Her?

Kann ich Ergebnislosigkeit als Gewinn überspielen?

Ereignen sich Störungen, zerfleddert das an sich Mögliche?

Vermengt sich gar manche Unreife mit eigener momentaner Schwäche?

Doch –

Meist bringt die vorhandene Grundbildung den Funken zum Überspringen,

schaukeln sich dialogisch

Ansätze, Horizontales, Vertikales, Wortspiele, Beobachtetes und Erfahrenes

im Glück des Wortes zur Erkenntnis auf!

Man gibt und nimmt,

baut sich Brücken,

verbindet, bestätigt, lobt, korrigiert, fordert, führt weiter;

ironisiert hoffentlich nicht an falscher Stelle,

löst endlich Denkprozesse aus.

So schiebt man die Auszubildenden und sich selber

auf die nächst höhere Stufe des Verstehens.

So könnte das Humane tradiert werden.

„Lasst die Meinung nie bestechlich werden",

mahnen euch Dichter und Ethiker.

„Wer will euch denn korrumpieren?" –

Die vor dem Furchtbaren Furchtlosen.

Die vor dem Beherrschbaren Zaudernden.

Ihr selbst, wenn ihr euch aufgebt.

Seid auf der Hut,

damit euch niemand wegzerrt aus eurer Identität

und zurechtkeilt

für ein Unrecht!

Ausgesetzt

Du, Gott, hast uns in die Zeit hineingestellt.

Eine kurze Spanne nur wahrnehmen wir die Welt.

Wir dürfen zwar reifen, sollen auch forschen;

doch bald werden die Knochen morschen.

Wir können auch ahnen, dürfen sogar wissen.

Doch das Ganze müssen wir stets vermissen.

Du hast viel Geduld, wir haben keine Zeit;

so richten wir wenig aus gegen das Leid.

Ist alles richtig, worauf wir bauen?

Auf kleine Erfolge konnten wir schauen.

Der Fortschritt erzeugte kaum Vertrauen.

Ist die Festigung des Guten nur Fiktion?

Im Beharren allein liegt wohl unser Lohn.

Als Vorbild sandtest Du uns Deinen Sohn.

Was bleibt?

Du bist eine Zeit lang in Menschengestalt.

Vom Embryo zum Gerippe – schnell wirst du alt.

Du lernst sprechen, lesen, schreiben,

was wird von dir einmal bleiben?

Du hast gebaut, gepflanzt, gezeugt

und nach mancher Begehrlichkeit geäugt.

Du hast Steinwerke hinterlassen und Worte gesetzt;

als alles stand und gesagt war – was blieb zuletzt?

Bauten zerfallen, Weisheiten werden vergessen,

auch die bewahrenden Bücher sind von Motten zerfressen.

Jedoch die Mikrochips hat man in Megabytes vermessen.

In Teilen gelingt es, Vergangenes länger zu fangen.

Das meiste, das wir schufen und hinterließen, ist dahingegangen.

Herr, wird unser Ich, in dem das wirklich Ersehnte ruht, für das Ewige langen?

Kirche und Staat

Religionen wurden bisher streng reguliert,

Meinungsfreiheit hatten die Wächter nicht studiert.

Raue Kriegsminister prägten der Jugend Gesinnung:

„Töten und sterben fürs Vaterland", hieß die Erinnerung.

Druck übten sowohl die Kirche als auch der Staat.

Gewaltlosigkeit und privates Glück fanden sie wohl fad.

Es galt ein Feindbild zu pflegen: Die andern seien stets schuld.

Der Behauptung der eigenen Allein-Wahrheit galt ihre Huld.

Die beiden zupackenden Abstrakta ließen nicht los,

und waren Argwohn und Widerstand noch so groß.

Die zwei redeten von Eintracht, meinten sogar Krieg.

Halte Distanz, denke nach – dann spürst du Fried.

Du musst dich durch inneren Friedensappell befrein,

dazu Skepsis pflegen und nur von dir selbst abhängig sein.

Wenn du deinem Gewissen folgst, bleibt deine Seele rein.

Fragen zur Endlichkeit

Warum dürfen wir nicht behalten, was wir lieben?

Möchtest Du über Jahrtausende die Menschheit sieben,

damit künftig niemand fehlläuft oder an Defekten leidet

und sich das Beste vom Unvollkommenen scheidet?

Wir, nur Stationen in langfristiger Entwicklung,

ermangeln des Sinnes für Teilhard´sche Richtung.

Wir halten uns bereits für Ziele dieser Evolution,

sind offenbar nur Stufen im „noch nicht" und „schon".

Mitgestalten können wir seit Wissenschaft und Technik,

vieles liegt uns zu Füßen, allem sind wir keineswegs mächtig.

Wir essen dauernd einige Früchte vom Erkenntnisbaum;

aber Gut und Böse trennen, Folgen abschätzen, gelingt uns kaum.

Du misst uns daran, ob wir Unfertiges verbessern;

Jedoch wir greifen daneben, versagen, verwässern.

Im Hier und Heute suchen wir Spaß und Vergessen.

Das Niedrige liegt uns, das Höhere reizt zum Vermessen.

Und doch haftet unser Herz am Gewohnten, an Dingen und Menschen.

Vielfach liegen wir daneben, nur manchmal setzen wir uns Grenzen.

In umhegten Räumen fühlen wir uns wohl - Dauer ist nicht unser Soll.

Zeitlichkeit

Alles, was uns lieb und teuer –

Begrenzt ist´s nur;

Kurzlebig wie Feuer,

aber es hinterlässt eine Spur.

Eng klammern wir uns an Gefühle und Dinge.

Wir schenken, wir lieben, geben uns Ringe.

Wir machen uns sesshaft, möchten lang verweilen;

wegen Vergänglichkeit sind wir verurteilt zu teilen.

Wir wollen nicht, doch müssen wir hinaus –

Ist´s hell, noch dunkel oder gar endgültig aus?

Du mutest uns den Abschied zu,

verheißt uns dann die ewige Ruh.

Aber Friedhofsstille ist nicht unser Sehnen,

drüben möchten wir Betriebsamkeit wähnen!

Wir erhoffen uns Ausgleich für jeden Verlust.

Die religiöse Ahnung besänftigt unseren Frust.

Mensch und Stadel

A oida Mensch is wie a oida Stadel,

alle zwoa sans morsch und doch von Adel.

Alle zwoa hamms a durchbogns Kreiz;

Aber grat des Oide hat sein eigna Reiz.

Splittrige Knochn san wie a modrigs Gebälk.

Gichtrige Finga san wie a rostige Nägel.

Lichtige Haar san wie rissige Schindln.

Müde Därm san wie a durchgweichts Hei.

Ausgfallne Zähn san wie löchrige Brettln.

Und de Köpf stehn schief

Wie a Hüttn vorm Gebirgsrelief.

Da Wind rüttelt an da Tür -

fürs Altern kann koana was dafür.

Bei oide Leit und in a oide Hüttn fühlst di rundrum geborgn.

Solangst jung bist, is ois selbstverständlich, denkst nie an morgn.

Als Junga brauchst de warma Händ der Oidn und a Dach übern Kopf.

Wennst du des nia gfühlt hast, bleibst dei Lebn lang a ganz arma Tropf.

S´Holz und da Mensch werdn hundert Jahr; aber amoi is dann für beide gar.

Dann sans aus Erde, wenig bleibt üba; bloß da Mensch schaugt vo drübn rüba.

Erlebte Jugend

Ihr unbeschwerten Tage,

ihr liegt lange zurück.

Gerne erinnere ich mich

an das vergangene Glück.

Die Zukunft offen,

die Sorgen klein.

Da und dort Erfolge,

alles war mein.

Die Dinge schienen zu stehen,

wie es scheinbar immer war.

Man konnte uns vieles erklären,

nichts blieb trüb, jegliches offenbar.

Doch Sehnsucht schlich sich ein:

Ich wollte irgendwo spitze sein.

Dann beschwerten Liebesfreud und Liebesschmerz.

Weltdeutung und Gefühle stimmten nicht überein!

Dann erschraken wir vor Entscheidungszwängen und Bindung.

Wir stießen auf die Lasten von Verantwortung und Selbstfindung.

Was zählt?

Gilt nur das große Ganze,

unterliegen wir nur dem „sausenden Rad der Zeit"?

Wird jeder Einzelne angesichts der Summe vergessen,

trotz aller Mühen, trotz allem Leid?

Gewiss: Evolution bedeutet Höherführung –

Doch wir verlangen dennoch Deine Rührung.

Wir möchten in unserer Phase nicht verlassen sein!

Wir protestieren, sind nicht wie Wassertropfen im Rhein!

Jeder Mensch ist ein Ursus im Bauwerk der Welt.

Es wäre Unrecht, wenn nur das Gesamte zählt!

Jeder Einzelne bildet Basis, Mitte und Gipfel;

auch beim Baum gilt nicht bloß der Wipfel.

Werte Du fair unser Ringen um Steigerung,

rechne nicht „Gelingen gegen Verweigerung".

Zwar machen wir meist zwei Schritte vorwärts und einen zurück.

Wir ahnen: Im gebrochenen Erfolg – trotz Versagens – liegt das Glück.

Falsche und wahre Werte

Bertha v. Suttner schrieb: „Die Waffen nieder",

doch ungehört – nach 100 Jahren - immer wieder

rattern Kalaschnikows und tödliche Kanonen,

auch dort, wo vorwiegend ruhige Bürger wohnen.

Pazifisten galten als Feinde von Kirche und Staat.

Wer streute denn aus solch verfälschende Saat?

Frieden predigten Moses, Jesus, Buddha und Lao-Tse;

aber weltweit schießen Verblendete und erzeugen Weh.

Die Herrscher fordern Sicherheit, Vormacht und Positionen,

kein Veto auch gegen Atomraketen und tückische Drohnen.

Man misstraut und bekämpft sich zu Lasten der friedlichen Leute,

so geht es zu in der Menschheit vom Anfang bis ins moderne Heute.

Wann lesen wir endlich aufmerksam die Worte der Propheten?

Bekleiden die höchsten Ämter an den Schalthebeln nur Proleten?

„Tolle lege", sprach Augustinus, in Händen wiegend die Bibel.

Er mahnte zum Frieden: Wer Zwietracht sät, verbreitet Übel.

Warum?

Warum nimmst Du uns in hohem Alter den Verstand,

wo wir doch brauchten viele Jahre, um „zu sehen Land"?

Warum zerstörst Du nach neun Jahrzehnten unsere Körper,

wo wir endlich lernten, zu leben wie erfahrene Dörfler?

Nach den Stürmen der Jugend und der Hetze mittlerer Jahre

blieb uns nur Nachdenklichkeit zwischen Ruhestand und Bahre.

Wir erkannten spät, was bedeuten Verzicht und Bedachtsamkeit.

Zu kurz bemaßt Du diese Spanne – zum Schluss war es nicht weit.

Sollen Weisheit und Umsicht wirklich nur kurz aufblitzen,

lässt Du die Menschheit tatsächlich weithin im Unfug sitzen?

Als wir endlich bewusst handeln konnten, war uns Prokura entzogen.

Befähigt zur Verantwortung, war unser Interesse für die Dinge verflogen.

Muss uns offenbar zum Eingang ins Jenseits und zum dauernden Heil

ein später Geistesblitz genügen - und die Rechtfertigung wäre Dein Teil?

Vorgetäuschte Objektivität

„Viel Irrtum und ein wenig Wahrheit" (sprach Mephisto),

wissend um der Methode und des Glaubenskernes Klarheit.

Er hat sich als Verführer und als Aufklärer gut informiert,

sowohl Christentum als auch Zaubernebel einstudiert.

Keinem der Großen nützt der Wahrheit reine Klärung,

günstiger scheint die unausgesprochene Verschwörung.

Der stille Konsens stützt Kirchen, Staat und Wissenschaft –

für Wissen um den Ursprung investiert da keiner seine Kraft.

„Bedient euch endlich des gegebenen Verstandes!" rief Kant.

Doch nach ihm verstieß man noch immer Denker außer Landes.

Keine Zeit

Warum sind wir nur stark in mittleren Jahren,

in der Jugend verwirrt, mit siebzig nur noch erfahren?

Als Kinder hilfsbedürftig, nicht weniger die Alten.

Gerade vierzig Jahre bleiben, die Welt zu gestalten.

Selbst in der Mittelphase

unterliegen wir mancher Phrase;

eingeimpft in jungen Jahren,

tradiert von bestimmenden Scharen.

Nur vier Jahrzehnte scheinen wir bei Sinnen,

zwei Jahrzehnte später raffen uns Beschwerden von hinnen.

Sind wir bloß als Eintagsfliegen gedacht,

so dass die Evolution uns zum Durchgangsstadium macht?

Steckt Absicht dahinter, dass wir so wenig ausrichten,

sollen wir im Wesentlichen nur probieren, Modelle erdichten?

Unser Innerstes möchte opponieren gegen Zeitmächte und Gewalt.

Herr, verleih doch endlich den guten Absichten mehr Dauer und Gestalt!

Entfaltung

Warum ist es so schwer, sich zu entwickeln?

Es gibt zu viele Normen, die uns drücken!

Entfaltung fiele leicht ohne den Druck von oben.

Es gibt wenige Lücken zwischen Strafen und Loben.

Der Blick nach innen wurde uns lange bewusst verstellt.

Der Pantheismus-Vorwurf hat uns den Selbstsinn vergällt.

Weil die Obersten „Offenbarung" selber geschrieben haben,

durften wir Unteren uns nicht aus eigener Seele laben.

Kein Wunder, dass Friedensmoral Jahrtausende stille stand,

wo kein Philosoph den Weg zum friedfertigen Seelengrund fand.

Der Primat des Innern stößt jetzt nicht mehr an kontrollierende Wand.

Endlich sind vorgeordneter Haft und Richtstatt Grenzen gesetzt.

Verurteilung wegen Staats- und Kirchen-Ungehorsams ist ausgesetzt.

Lange haben Pazifisten nach Glaubens- und Gewissensfreiheit gelechzt!

Eingreifende Literatur

Großer Männer gewichtige Werke

verleihen auch den Lesern Stärke,

wenn sie es verstehen zu deuten,

was sie sagen wollten allen Leuten.

Albert Schweitzer war ein Theolog,

den es nach exakteren Studien zog

hin zur angewandten Tropenmedizin.

Wie Jesus ging er zu den Kranken hin.

Bertha v. Suttner war brave Pazifistin

und gerierte zur freien Predigerin.

Sie rief empört: „Die Waffen nieder!"

Aber die Fürsten kämpften wieder.

Alfred Döblin studierte deutsche Gesellschaft

und erforschte als Psychiater jeden Wahn,

bis ihm der sozialpolitische Gedanke kam,

dass Gewalt und Grobheit seien krankhaft.

Hermann Hesse kreiste um den inneren Frieden

und er hoffte gemäß C.G. Jung, dass hienieden

Menschen endlich auf ihr Inneres horchen

und dann keinen fremden Herrn gehorchen.

„Tolle lege", sprach schon Augustinus;

denn er wusste, dass ein heilig-ernstes Buch

dämpfen kann des Menschen finsteren Ruch.

Sonnenprosa

„Sol invictus", beteten die alten Römer schon vor 2500 Jahren eingedenk des ungeheuren, lebenserhaltenden Sonnenlichts und der wärmenden und sengenden Hitze unseres Zentralgestirns, dort das Zentrum der Götterwelt vermutend.

Doch wo bist Du wirklich, Gott, Urheber des gesamten unermesslich ausgedehnten Weltalls?

Tausendmal größer als der Riesenplanet Jupiter ist unser Fixstern Sonne, bereits der hat die hundertfache Größe unseres Lebensraumes Erde. Die Milchstraße ihrerseits, nun ein Spiralnebel unter vielen Millionen Galaxien, enthält Millionen von riesigen Sonnen.

Verfügst Du, Schöpfer und Erhalter, mit leichter Hand über Dehnung und Verdichtung von Sonnensystemen und Galaxien, die alle in unvorstellbar hohen Geschwindigkeiten durch den leeren Raum schießen, der doch von dunkler Materie und Energie gefüllt sein soll? Beherrscht Du dies alles oder hast Du das Ungeheure vor 14 Milliarden Menschenjahren bloß experimentell freigesetzt? Verfügst Du überhaupt bewusst über Kleinigkeiten wie Donner und Blitz, wie man es dereinst dem Göttervater Zeus nachgesagt hat?

Wo ist jene seelische Wärme zu finden ohne sie zu messen in Celsius,

wenn wir hinausfragen über den legendären Astrophysiker Möbius?

Haben die religiösen Gedanken und Bilder tatsächlich so viel Kraft

wie die kalten Ergebnisse von exakter Forschung und Wissenschaft?

Können wir den biblischen Mythen und Legenden trauen,

einst uns aufgetischt von Priester-Dichtern, den Schlauen?

Ist nicht das Innerste des Inneren in unseren menschlichen Herzen

die eigentliche Wahrheit, die wir Geschöpfe suchen mit Schmerzen?

Konzentrierst Du die eigentliche Machtkraft im seelischen Kleinen,

damit wir uns nach kurzer Erdenexistenz hoffend mit Dir vereinen?

Dazwischen

Aus der Erfahrung bilden sich die Begriffe,

die fünf Sinne führen uns wie Schiffe

zur Vorstellung von Raum und Zeit.

Durch Geist ermessen wir den Wert der Dinge.

So ermöglichen es unsere gesamten Sinne,

Materie zu gebrauchen und zu formen.

Freilich ist uns der Blick nach drüben schwer verstellt,

das nach metaphysischer Wahrheit Strebende vergällt.

Doch da, wo wir nicht alles wissen, dürfen wir ahnen,

so lassen sich Irdisches und Ewiges durchaus verzahnen.

Im Inneren, was wir Seele oder Urgrund nennen,

kann man ziemlich klar und intuitiv erkennen,

was gut für einen ist und sogar für die andern -

man muss bedacht den Lebensweg bewandern.

Der Mensch

Meist wird der Mensch beherrscht vom Triebe.

Das gilt auch für den Sexus innerhalb von hehrer Liebe.

Doch gibt es dazu noch Über-Ich und freien Geist,

was uns dann hie und da zur Selbstbeherrschung weist.

Nie darf der Mensch Essen und Trinken vergessen;

allein vom Hochgefühle zehren – das wäre vermessen.

Schließlich zwingt ihn auch die Müdigkeit zum Schlaf.

Selig schlummernd scheint er harmlos wie ein Schaf.

Was wäre Leben ohne Arbeit?

Mit Mühen sortieren wir die Zeit.

Eine Spanne bleibt übrig, Freizeit genannt;

da treiben wir Sport und aalen uns im Sand.

Freuden und Plagen bilden unsere Beschäftigung.

Doch der Geist stellt Sinnfragen: Was sonst und nun?

So müssen wir auch über uns selber reflektieren

und dazu noch Philosophie und Politik studieren.

Ent-Bindung

Du zerlegst, o Herr, was Du gebunden –

wir hingen fest an dem, was wir gefunden.

An der Seite standen uns Partner, Eltern, Kinder –

Am Ende erstarren wir einsam: Worin sind wir Finder?

Was bleibt zuletzt: Erinnerung an Glück, an gute und böse Taten;

ob es für Wiedersehen mit den Lieben reicht, können wir nur raten.

Du brauchst uns Geschaffene offensichtlich nur alleine, nackt und bloß;

was ist denn mit Deiner ehedem wohl als Dauer gedachten Schöpfung los?

Du entziehst uns Organismus, Materie und dann noch den Geist.

Ist es letztendlich das Nichts, in das Du uns aus Strafe verweist?

Tut sich hinter dem flutenden Acheron doch noch das Ewige auf?

Wir sind nur zagend Gläubige, aber auf biblische Zusagen bauen wir auf!

Als sehr komplex erweisen sich noch heute Theodizee und Gottesfrage.

Die Lösung der auferlegten Rätsel beschäftigt uns bis ans Ende der Tage.

Verweigerte Zukunft

Stets sind wir dem Jetzt verhaftet, selbst wenn wir zurückblicken.

Wir neigen dazu, uns eine eigene Lebensgeschichte zu stricken.

Wir ketten die Maschen entsprechend unserm jetzigen Bild,

stellen Linien her und legen eine gefällige Optik ins Gefild.

Die positive Sortierung gehört zu der meisten Menschen Recht;

denn ein Faktenbild oder die Außensicht bekäme ihnen schlecht.

In der Gegenwart laufen Wollen und Erleben zusammen,

die Selbstdeutung geschieht ganz im individuellen Rahmen.

Wir erinnern uns an die Geschehnisse in Kindheit und Jugend,

den Vorausblick in die Zukunft betrachten wir nicht als Tugend.

Wohl befällt uns bisweilen eine belastende Ahnung -

Geschichte empfinden wir aber nicht als Mahnung.

Die Alten nehmen wir wahr, als wären sie immer schon Greise gewesen.

Kann denn die verfahrene Welt durch uns trübe Egozentriker genesen?

Auch jene, die vor uns werkten und dachten, waren kürzlich noch Gestalten.

Mensch, besinne dich, relativiere dein Schönbild und seh dich mal als Alten!

Gottes Saat

Nicht allen Deiner Geschöpfe verliehst Du gut funktionierenden Geist.

Bei manchen Menschen sogar verharrte die Entwicklung in der Mitte.

Doch angekoppelt Deinem evolutiven Schritte

ward klare Friedensliebe gegeben allermeist.

Nur für Diktatoren und ihre Staatsinstitutionen

scheint sich angeborene Friedensliebe nicht zu lohnen.

Sie setzen auf Konfrontation und Majorisierung,

wollen den Machterhalt, hassen Liberalisierung.

Die bürgerlichen Leute dagegen möchten meist nur friedfertig leben,

in Ruhe arbeiten, Familie gründen, Wohnung kaufen, durchaus streben.

Dazwischen gedeiht auch Unkraut, gibt es verformte, brutale Naturen.

Sie erwarten Orden und Lohn, folgen willig den vorgeordneten Spuren.

Daher muss der Wille zum Frieden auch klug, abschreckend und wehrhaft sein.

Die Friedfertigen und Gutmütigen brauchen Ethos, dann stehen sie nicht allein.

Was Du, Herr, in die Menschenherzen gesät, ziehst Du langfristig nach oben.

Wenn Kultur und Liebe erblühen, herrscht hier Frieden wie bei Euch droben.

Heimat

Dichter der Romantik, wie Eichendorff, besangen gerne die Ferne.

Wie absonderlich, sie schienen kaum zu vermissen der Heimat Wärme.

Sie strebten nach dem Abenteuer der unbekannten Gebilde.

Was bedeuteten ihnen eigentlich die gut vertrauten Gefilde?

Heimat ist nicht einfach Gewöhnung an Land und Leute.

Geborgenheit und Vertrautsein sind ihre Löhnung bis heute.

Man versteht dich, und auch du schätzt die andern,

die täglich mit dir auf den gleichen Wegen wandern.

Mit etlichen Altersgenossen warst du in derselben Klasse.

Mit vielen Nachbarn wohntest du in gemeinsamer Gasse.

Du kanntest die gereiften Alten und später auch einige Junge.

Bekanntheit und Anerkennung erhielten dich im Schwunge.

Landschaft, Ortsbild, Volk und Brauchtum drückten dir die Stempel auf.

Die Familie, du selber und deine Umwelt bestimmten deinen Lebenslauf.

Du gabst Kraft und Zeit und empfingst viel Gegenleistung.

Mit Dank und Erinnerung gelingt des Schicksals Meisterung.

Moderne Idylle

Freundlich lächelt das Kirchlein zur Abendstunde.

Behände trabt ein Jogger seine Trainingsrunde.

Hektisch prescht ein Schlepper zum Dorfe hinein -

gleich wird die Ladung Heu in der Scheune sein.

Im Stalle summt schon eifrig der Melkautomat,

die geschulten Kühe fragen, brauchen niemands Rat.

Elektronisch wird Futter zugeteilt, der Ertrag gemessen,

der Landwirt am Rechner plant Wetter-gemäß vor dem Essen.

Das Starenpaar schwirrt eifrig zum bewährten Nistkasten,

der piepsende Nachwuchs gönnt den Eltern kein Ausrasten.

Die Margeriten stehen hoch, die Rhododendron tragen Farben;

alles was sprießen und wachsen kann, kennt jetzt kein Darben.

Der glatte See glänzt wie ein Spiegel, lädt endlich wieder zum Bade;

Leute, die nicht schwimmen wollen, bewegen sich am Ufer zu Rade.

Die Bäume und Büsche tragen nun ihr volles grünes Blätterkleid,

die letzten Schneereste auf den Bergen tun keinem Wanderer leid.

Auf dem Lande greifen Natur und Technik fast harmonisch ineinander.

Tradition und Fortschritt existieren noch verträglich beieinander.

Wer nachdenkt, kann nicht ruhig bleiben, möchte den Status festschreiben.

Zeit und Dauer

Natur und Naturerleben prägen sich ein.

Was wird von allem aber dauerhaft sein?

Mündet letztlich jede Erinnerung im ewigen Aus?

Dürfen wir Zweifelnden hoffen über den Tod hinaus?

Zehren wir wenigstens vom tieferen Eindruck,

oder steht am Ende nur der Zusammenbruch?

Alles Leben ringt sich dauerhaft durch mit stetiger Macht –

kann es da so kommen, dass alles wie nichts zusammenkracht?

Suchen wir in falschem Ansatz die gültige Substanz?

Starren wir gar zu fixiert auf Erfolg oder Totentanz?

Liegt im verzichtenden Dulden das ewige Heil?

Was wird im Ausgleich später der Seele zuteil?

Es scheint Vertrauen auf das Reich hinter der Leere gefordert -

die Religionen der Welt haben den Abglanz des Lichts geortet.

Mensch und Natur

Herr, du hast uns in die gewaltige Natur gestellt,

damit wir von ihr lernen, wie man im Einklang lebt.

Doch hat den Menschen dauernd Wichtiges gefehlt:

Sie verstanden nicht, dass man nicht begierig strebt.

Wir aßen, tranken, erholten und vermehrten uns.

Verhängnisvoll waren die Ratschläge Beelzebuls.

Statt uns behutsam der lebenden Natur anzupassen,

pflegten wir mit Deinen Gaben ungehemmt zu prassen.

Nirgends gelang es uns, bedächtig Maß zu halten.

Nie begnügten wir uns mit harmonischem Gestalten.

Wir forschten gewissenlos draufzu und bauten,

bis unsere Geschoße die Städte zusammenhauten.

Nicht einmal im nichttechnischen Gemeinschaftsleben

funktionierte das uns klug erhaltende Bindungsstreben.

Der Nationalismus säte Massenmord und Völkerhass.

Das innere Licht verlor den richtungsweisenden Kompass.

So sind wir trotz der Angebote zivilisierter Religionen

auf Dich, Herr, verwiesen, damit sich alles werde lohnen.

Evolution

Galileo Galilei, Charles Darwin und Sigmund Freud waren einst Sensation.

Die kreisenden Gestirne, die Herkunft vom Primaten, die Dominanz der Triebe;

alles wissen wir schon.

Die desillusionierenden Kenntnisse, die Banalitäten über den `Heros Mensch´,
stoßen uns nicht vom Hocker;

was an Steinen aus der `Krone der Schöpfung´ fällt, nehmen wir ganz locker.

Fünfhunderttausend Jahre trennen uns vom Australopithecus.

Von Gottes Geist erhielten wir nur einen sehr kleinen Schuss.

Wir schlugen, fraßen und vermehrten uns gerade so durch.

Es verhielt sich nicht anders als bei jedem kleinen Lurch.

Langsam ging die Entwicklung des Tiermenschen voran,

bis nach Jahrhunderttausenden der von Gott Gesandte kam.

Von ihm versprach man sich seelische und körperliche Erlösung.

Man wollte nicht mehr einfach dahinvegetieren bis zur Verwesung.

Die Botschaft des Schöpfers wurde oft falsch verstanden.

Die plumpen Menschen bekriegten sich in allen Landen.

Schwer fällt es uns, zu geplanten Ebenbildern zu werden.

Freie Aufklärung ist nötig, guter Wille überall auf Erden.

Problem

Warum sind wir in die Welt gepresst,

die uns hält so unerbittlich fest?

Wo wir uns doch nach reinem Geiste sehnen

und uns manchmal im Überirdischen wähnen.

Am Grenzverlauf entscheidet sich unsere Qualität,

in schnöder Wirklichkeit zählt leider nur die Quantität.

Auf gläserner Brücke haben wir sehnend zu schreiten;

wenn wir Gleichgewicht halten, dürfen wir hinübergleiten.

Das Irdische müssen wir schließlich hinter uns lassen.

Es gilt, das innerste Licht dauerhaft zu erfassen.

Die Genüsse boten Einfügung, doch auch Verführung;

So blicken wir bangend und hoffend zurück in Rührung.

Dem Abglanz Deiner Geheimnisse gilt es offenbar zu folgen.

Das Wagnis beharrlicher Balance lohnst Du über den Wolken.

Natur und Arbeit

Chrysanthemen am Wegesrand,

Zäune aus Steinen aus rotem Sand.

Liebliches und Mühevolles säumen unsere Wege.

Nicht von selber entstehen wohlgezimmerte Stege.

Freuden und Plagen wechseln in unseren Lebenstagen.

Nach dem Sinn von oben und unten müssen wir fragen.

Die Höhen sollen uns nicht verwegen machen,

in den Tiefen vergeht uns ohnehin das Lachen.

Es gilt, das Fernziel im Auge zu behalten

und nicht abzulassen, Gutes zu gestalten.

Wie dem pendelnden Lauf der Kugel auf enger Bahn

leuchtet uns ein inneres Licht den Lebensweg hinan.

Eine Mutter

Mutter, du sagst ja zum Kinde,

dass es den besten Weg ja finde.

Du betest allzeit für deiner Kinder Glück,

schaust auf deren Erfolge dankbar zurück.

Du bangst in Liebe, dass Entfaltung gelingt.

Du glaubst, dass dein Hoffnungsfunke überspringt.

Deine Zuversicht gibt der nächsten Generation Kraft,

damit deine Art ihren eigenen Zukunftsauftrag schafft.

Du kennst sowohl das Vergehen als auch den Bestand.

Tiefes Wissen um Elternpflicht dient dem ganzen Land.

Eine Mutter deutet Bergung und Verstehen als Lebenspfand.

Der Kirschbaum

Du kaufst den Schössling, gräbst ein Loch, rammst einen Pfosten ein.

Danach befestigst du den Baumstamm mit einem Seil an dem Holzpfahl.

Dann trittst du die Erde am Wurzelwerk fest und wässerst mit der Gießkanne.

Ab jetzt überlässt du alles Weitere allein der Sonne und dem Regen.

In drei Jahren erlangst du in Form von Herzkirschen des Wachstums Segen.

Alles erscheint ganz leicht: einmal anschieben, Geduld haben, etwas pflegen.

Das Wesentliche übernimmt in bewährtem Ablauf die Natur.

Nur – stimmt dies noch, so wie du es erlernt und geplant hast?

Lebensende

Bis zuletzt wehrt sich alles Lebendige gegen den kommenden Tod.

Die meisten Menschen stemmen sich dagegen auch in tiefster Not.

Erst wenn das drohende Aus erscheint als das nunmehr bessere Los,

nimmt der sieche Mensch sein Schicksal hin, vom Lebenswillen bloß.

Was mutet uns der Schöpfer zu?

Wir wollen doch nur Glück und Ruh!

Am Schluss kommt es zum Gipfel aller Leiden:

Herz- und Hirntod reißen uns aus irdischen Weiden.

„Warum nur?" fragt sich das widerstrebende, erdgebundene Ich.

Es findet keine überzeugende Antwort, daher verweigert es sich.

Eine letzte größere Einsicht soll uns drastisch nahegebracht werden:

Das Wesentliche sollen wir erkennen und dann einverstanden sterben.

Das Streben nach stetem irdischem Wohlergehen ist nur Tand.

Was wir schätzen, ist nur Abglanz vom himmlischen Land.

Auf höhere, künftige Erfüllung müssen wir bauen.

Auf bessere Weisheit haben wir zu vertrauen.

Doch, allmächtiger Gott, Du bestehst nicht auf Trennung vollkommen:

Du belässt uns Liebe und Glückseligkeit, sind wir bei Dir angekommen.

Schöpfung jetzt

Als die Schöpfung zur Ruhe gekommen

und die Lavahitze den Boden erwärmt,

da haben die Menschen gelernt -

sesshaft nun – die Lande zu formen.

Kaum war der März da,

griffen sie zum Pflug.

Langsam ein jeder sah,

wie man Leben weitertrug.

Es wurde gesät und geschnitten,

mit Feuer Fleisch gekocht,

auf Pferden geritten –

man hat die Natur gemocht.

Die Menschen haben sich das Wachstum dienstbar gemacht,

schließlich sogar in Kenntnis von Naturgesetzen weitergedacht.

Gegend wurde vor kurzem zur geplanten `Kulturlandschaft´,

Warten und Zupacken bildeten gedeihliche Verwandtschaft.

Wo Technik Arbeit erleichterte und effektiv machte,

den Fleißigen und Klugen das Herz im Leibe lachte.

Die Basis des Lebensraumes und der Menschen Form

gediehen – achtsam abgestimmt – zur Schaffensnorm.

Herr, wo Dein göttliches Feuer

die Staatenlenker verleitet zum Abenteuer,

da greife über Moral hemmend ein

und zeige den Menschen, wie es soll sein!

Abendstille

Goldbraun schimmert der See in der Abendsonne.

Die Enten und die Haubentaucher fahren mit Wonne

dem Sonnenuntergang entgegen und hinterlassen

eine gradlinige Spur wie Autos auf nassen Straßen.

Sie touchieren das in der Inselbucht liegende Seerosenfeld,

dessen riesige Blüten schwimmen da weiß, rosa und gelb.

Gleichmaß und Stetigkeit sind offenbar Gebote der Natur.

Warum genügt den Menschen eigentlich nicht dieses `Nur´?

Ein kleiner See kennt keinen Lärm.

Was haben die Leute im Gedärm,

dass sie immer hasten ohne Ruh

und fügen der Umwelt Schäden zu?

Ist es die Frucht vom biblischen Erkenntnisbaum,

dass der Verstand sprengt den nötigen Ethikraum?

Der Mensch hat Tatkraft und Willen zur Bewältigung der Welt,

die überlegt zu gebrauchen wurde er ins Diesseits hineingestellt.

Die Gattung `Menschentier´ kennt leider wenig Maß,

alles kämpft sich vorwärts, wütet oftmals ungehemmt fürbaß.

Man bemerkt den Maßstab nicht, weil es an Einsicht noch gebricht.

Zukunftsprojekt Mensch

Es ist nur eine weitverbreitete Illusion,

der Mensch sei seit Adam fertig schon.

Ihm ist das Werden auferlegt -

das hat die Menschheit aufgeregt.

Doch was Darwin hat bewiesen,

muss Theologen nicht verdrießen.

Des Schöpfers manifestes Faktenwort

pflanzt sich neben altvertrauten Texten fort.

Wir dürfen uns nicht überschätzen

und an festem Wissen stolz ergötzen.

Auch unser Fortschritt ist nur Übergang.

Der Weg der Geistentwicklung ist noch lang.

Der Schöpfer und Erhalter rechnet offensichtlich in Äonen.

Auf anderen Sternen können ähnliche Geistwesen wohnen.

Uns bleiben Forschung, Technik und ein frommes Staunen.

Es geht durchaus voran, wir müssen nicht entmutigt raunen.

Ewigkeit

Erinnerung verleiht dem Gewesenen Bestand.

Gültig für Erleben, welches einbezieht das Land.

Was wir speichern und auf Dauer lieben,

gerät uns fest – diesseits und auch drüben.

Doch es ist nicht das Rückwärtige allein,

von Ewigkeit kommt neu Erstrebtes drein.

Was du bist, wird wundervoll ergänzt,

was dunkel war, im Lichte nun erglänzt.

Wissen und Erkennen weiten sich zur Offenbarung,

du überwindest Enge, erfährst erlösende Bewahrung.

Die Erfüllung wird erlebt als spannungsvolle Dauer;

nichts quält dich, nichts Böses liegt mehr auf Lauer.

Alle Wirklichkeit erstreckt sich in andere Dimensionen,

du bist nicht eingesperrt in begrenzte Dreier-Bastionen.

Dein befreites Ich ist berufen zur Schau des göttlichen Du;

vor dauerhafter Herrlichkeit erlischt dein fragendes `Wozu´.

Mensch vor Gott

Die uns behüteten lassen uns eines Tages allein.

O Herr: Zwischen Dir und uns soll wohl kein Mittler sein.

Du willst uns selbständig und voll verantwortlich.

Das letzte Plädoyer hält man in eigener Sache für sich.

Vorübergehend dürfen wir auf Hilfen zählen,

können Vertraute und eigene Wege wählen.

Auf einmal steht der Einzelne schutzlos da,

ihm bleibt dabei nur Dein entlastendes Ja.

Herr, bleibe stützend neben uns, wo wir allein sein müssen:

Einsichtig und demütig wollen wir dann Deine Werke küssen.

Erst danach dürfen wir unsere Schützer wieder sehen

und mit ihnen neu vereint durch die Ewigkeit gehen.

Vor der Erlösung steht Dein wertendes Gericht.

Gott, erhelle unser Selbst in Deinem Angesicht!

Zeitkritik

Die Jagd nach Geld und Position

hat verdrängt den Ethos schon.

Selbst das verordnete Compliance-Fach

vertuschet nicht den Wirtschafts-Krach.

Im Mainstream steht die Medizin,

alles drängt zum weißen Kittel hin.

Verlockend sind Verehrung und das Honorar,

zum Glück sind Ärzte nicht der Heilkunst bar.

Begehrt ist auch die BWL,

da passt fast jedes Naturell.

Ein Manager kassiert – das ist wahr –

genauso wie ein bekannter Fußballstar.

Wer wird da noch Metzger, Bäcker oder Krankenpfleger.

Wer steigt aufs Dach als schwarzer Schornsteinfeger?

Wer kümmert sich behutsam um die ausrangierten Alten,

die ausgedörrt die verschlissenen Glieder nicht mehr halten?

Doch wenn es zeitenweis läuft ziemlich schief,

enthält der Sozioprozess ein bewährtes Regulativ:

Man ködert an mit Geld, so dass Verschmähtes neu gefällt!

Sommer in Warnemünde

Zu Warnemünde an der Ostseeküste –

wer gern noch mehr Verborgenes wüsste –

baden viele (ab Strand 18) nackt und bloß.

Was ist denn dort mit sittlicher Kultura los?

„Retour á la nature", rief Rousseau und strich Confiture aufs Brot.

Als Pariser `enfant terrible´ litt er damals nicht mehr äußerliche Not.

Die Entfremdung durch Hofkultur und Maskenscherz war ihm bewusst.

Er verstand, dass unter den Perücken sich versteckte die verdrängte Lust.

Der moderne Mensch braucht Ausgewogenheit,

oft mit, bei Sonnenschein durchaus mal ohne Kleid.

Primitivismus und Etikette benötigen Gleichgewicht,

so behält der Naturmensch sein wahres Angesicht.

Den Leuchtturm brauchen die Seeleute zur Orientierung.

Altes und Neues tragen bei zur innerlichen Regulierung.

Sonnenlob

Goldene Sonne über grauem Wolkenband.

Glorreich beleuchtest du das ganze Land.

Gravitätisch bleibst du auch im Sinken.

Müde Wimpern dankbar zu dir winken.

Wohlig wärmst du Felder und die Wiesen;

lässt es zu, dass die Wolken auch mal gießen.

Ermöglichst Wachstum und gereiftes Leben,

so dass alle Kulturen dir Lobesworte geben.

Dir verdanken wir die Farben und die Glücksgefühle.

Dich zu genießen, scheuen wir kein Verkehrsgewühle.

Wir tanken Sonne gerne voll wie das Benzin.

Neu gestärkt fahren wir dann zur Heimat hin.

Wenn du untergehst, werden wir stille;

nicht nur wegen der Arbeitstage Fülle.

Groß, rasch kleiner, strahlend sinkst du nieder.

Mächtig, rot steigst du auf – erfreust uns wieder.

Rieden

Ein gelbes Schloss, schon hundert Jahre alt,

steht fest in filigraner Wohlgestalt.

Es erinnert an eine alte, vielleicht gute Zeit.

Doch die Entwicklung eilte himmelweit.

Der Adel tauchte ab,

Krieg und Not wurden vergessen.

Die Technik kam auf Trab,

man war auf Entwicklung versessen.

Geruhsam weidet das Vieh auf des Schlosses Grund,

doch auf der Durchgangsstraße, da geht es rund.

Hie Zeitlupe, Gleichmaß, scheinbar Ewigkeit –

nebenan rasen die Mobile im Zeitrafferstreit.

Rascher Wechsel dort, da bedächtiges Verweilen.

Wohin, denkst du, wird weiterer Fortschritt eilen?

Werden Hetze und Neugier gegen die Stille gewinnen?

Kann das Ich in der Tiefe der Seelen einfach zerrinnen?

Leben

„Ist `Leben´ versagen?"

wird sich mancher fragen.

Er neigt dann zum Verzagen.

Ist `Leben´ Gelingen,

Erfolg bei vielen Dingen?

Hoffnung hält ab zu springen.

Geduldiges Ertragen im Auf und Ab,

ein Schuss Optimismus hält auf Trab.

Das Erwartete stellt sich irgendwann ein.

Es gibt zwar Hürden, doch nicht immer Pein.

Such dir eine Quelle für Zuversicht,

sag nicht: „Das Absolute gibt es nicht."

Halte durch und strebe beharrlich weiter,

greife fest in die Sprossen der Himmelsleiter!

Theodizee

Wir klagen: „Großer Gott, warum lässt Du die Menschen so allein?"

Wir übersehen: Der Mensch ist Teil des Seienden mit Anteil am Sein.

Die Natur hat im Schöpfungsplan Geist und Gefühl hervorgebracht.

Göttliche Kraft das Weltall, alles Leben und die Evolution gemacht.

Wir sind Produkt der drängenden Natur, keineswegs ihr Gegensatz.

Zu wenig deuten wir uns als Segment im gesamten Schöpfungsschatz.

Wir haben zu nützen all jene Gaben, die uns vor Zeiten mitgegeben.

Mit Verstand, Achtung und Güte erhalten wir uns und alle am Leben.

Machthaber

Wenn Würdenträger betrachten Gottes Wort als Ware,

versündigen sie sich vom Amtsbeginn an bis zur Bahre.

Gnadenspende kann nie Geschäft sein,

wie: „Gottes Wille ist von nun an mein!"

Durch zwei Jahrtausende forderten die Mächtigen Amtsrespekt,

doch ihre verliehene Amtsverwaltung war merkbar defekt.

Starrsinn und Selbstsucht zeigten sich als dominierende Eigenschaften;

Streitlust und Unterdrückung erwiesen sich als ihre Leidenschaften.

Harte Burschen waren diese selbstgewissen Kirchenmänner,

selten waren sie ehrliche und schuldbewusste Bibelkenner.

Streng konnten sie unter angebliche Abweichler hineinfahren,

brutal, aber „reinen Gewissens", wie die reitenden Tataren.

Jesu Worte geboten Frieden, Gewaltverzicht und Selbstrücknahme.

Langsam erst bezeugen Oberhirten `Dienstbarkeit´ auf ihren Bahnen.

Verantwortung, Lehrauftrag und Präsentation an höherer Stelle

müssen sich rückentwickeln zu glaubhafter Verkündigung schnelle!

Gewalt in Religion

Wo verblieb Jesu Gleichgewicht zwischen Milde und verbaler Strenge?

Wie verhedderten sich klerikale Satrapen beim Wettbewerb um Ränge?

Warum verrietet ihr so oft des göttlichen Botschafters Liebesgebot?

Weshalb schicktet ihr komplette Heerscharen für Händel in den Tod?

Klopft euch erkennend und reuig an die Brust;

Sagt nicht: „Vom Friedensgebot nichts gewusst!"

Wo Glaube wird verwechselt mit der Gewalt des Hammers,

lässt er die Menschen verzweifelt zurück im Tal des Jammers.

Ihr Religionsführer strittet und streitet noch um die wahre Konfession,

erhofftet für militärische Siege über Gegner des einzigen Gottes Lohn.

Ihr hattet nie im Innern Ausgleich und Sinn ermessen,

für Rechthaberei habt ihr Menschenrechte vergessen.

Wie Einsiedler ohne Macht und Amt müsst ihr eure Bibel studieren,

euch fernhalten von Jubel und Trubel, wenig Verehrung goutieren.

Bescheiden nach Spirituellem streben und den Kelch darreichen,

sollt in Wort und Tat dem Begründer und den Aposteln gleichen.

Im Krieg

Nie darf der Soldat sich denken,

dass auch in Feinden Menschen stecken.

Sonst müsste er manchem das Leben schenken.

„Sollen doch diese Kerle im Schmutz krepieren,

wegen denen kriechen wir hier auf allen Vieren.

Hurra, wenn die Kugel tödlich getroffen;

egal, wenn Feindeswunden noch offen.

Nicht gezögert, rasch blindwütig voran;

keine Skrupel, wir werden siegen fortan.

Was bleibt uns denn übrig, wir dürfen nicht zaudern;

sonst müssten wir vor allen Gegnern erschaudern.

Die höheren Ränge wissen schon, was eigener Sache frommt.

Sie bereiten die Siegesfeier, die nach dem Gemetzel kommt.“

Doch wollen Staaten und Volksgruppen Angreifer von Untaten abhalten,

müssen sie die militärische Abschreckung leider überzeugend gestalten.

Im Blick auf Tod, Zerstörung und Denaturierung sollten die Bürger fragen:

„Was haben wir in Sachen Verteidigung und Schutz Bedrängter zu sagen?“

Gebet

Ist es nur Schlaf oder ist es wiederum Leben,

wohin wir uns nach dem Tode begeben?

Strahlt alles hell von Deinem goldenen Licht,

so dass es nicht an Erfüllung mehr gebricht?

Unser weltentrücktes Sehnen

möchte Dich in Nähe wähnen.

Das Geheimnis ewiger Zentralperson

ahnten wir im tiefsten Glauben schon.

Wir erbitten sanften Übergang,

wenn uns Verfallende Du rufst

und nach Liebestat uns stufst.

Doch lass uns blicken auch zurück,

vergegenwärtige gefälliges Geschick.

Gestatte uns Hoffenden das ewige Glück.

Verfall

Einst war Treue selbstverständlich,

jetzt scheinen Ehen äußerst endlich.

Auch Religionen erlauben Neubeginn;

meist ist das Alte unrettbar dahin.

Nicht nur an Nichtachtung des 6. Gebotes gebricht es,

auch am Verlust von Respekt und Ehrlichkeit liegt es.

Brüchig erweisen sich menschliche Beziehungen,

oft fehlt es nur an bescheidenen Bemühungen.

Unbedacht sucht man den neuen, schnellen Genuss,

man denkt nicht weiter, riskiert haltlos den Verdruss.

Was schert es dich, wenn dein erster Partner bleibt allein.

Du bist nur kurzer Sieger, wirst am Ende auch einsam sein.

Endlichkeit

„Wir sind nur Gast auf Erden" –

was wird wohl dereinst aus uns werden?

Aus dem Blick nach vorne wird der Blick zurück:

Gereicht die Lebensleistung für ein Hoffnungsglück?

Auf der Waage Schale liegen Gedanken und Taten,

aus allem lässt sich schon das Wesentliche erraten.

Die Eigendeutung hat gewiss beträchtliches Gewicht -

doch reicht es für den Freispruch vor Gottes Gericht?

Des Menschen Spuren enthalten Mühen und Versagen,

über Fehler und gar schlimmes Unrecht ist zu klagen.

Reicht echte Reue weit in die Vergangenheit zurück?

Egalisiert letzte Zerknirschung negatives Geschick?

Hinterlassen wir selber eher Aufbau als Zerstörung?

Reagiert die Nachwelt mit Fürbitte oder Empörung?

Gnade dem, der sich noch beizeiten wendet,

so dass der letzte Atemzug in Hingabe endet.

Physik und Glaube

Neben unserem riesengroßen Weltall

sei entstanden im gewaltigen Urknall

ein gleich großer ausgedehnter Kosmos,

welcher einer Antimaterie mit entsproß.

Wenn nun dies nun sei der neue Himmel,

glaub ich lieber an das gewohnte Gebimmel.

Wenn im Jenseits fehlt warme Geborgenheit,

da scheint die alte, garstige Hölle nicht weit.

Im Überirdischen brauchen wir liebende Personen,

nur für Materie würde sich irdische Plage nicht lohnen.

Ein menschenähnlicher Gott soll uns empfangen,

damit wir neben ihm die ewige Seligkeit erlangen.

Hier und dort also sowohl Irrtum als auch Wahrheit.

Skepsis und Ahnung zusammen ermöglichen Klarheit.

Und kommt zur Sehnsucht noch empfangene Gnade,

leitet höhere Fügung die Seele auf sicherem Pfade.

Dank und Bitte

Herr, öffne meinen Blick für die Anzeichen Deiner Fügung,

so dass ich bemerke, wie Du mich und andere führst;

was mir und den Mitmenschen zugute kommt.

Du lenkst meinen Willen auf das Gute und Individuelle hin,

so dass mir ein großes Maß an Glück und Genuss zuteil wird;

zugleich korrigierst Du mich auch im Misserfolg und Versagen.

Lass mich erkennen, Herr, dass Du mir eine steigende Lebenslinie gönnst,

in der ich sogar unter Deiner Schutzhand zum Helfer eines anderen diene.

Schenke mir Einsicht in Deine Gnade, damit keine Bitte den Dank vergisst.

Mach mir bewusst, dass ich im günstigsten Fall Teil Deines Heilswillens bin.

Abschied

Herr, Du zwingst uns am Ende, Dich allein zu lieben;

verordnest Abschied uns von den geliebten Trieben.

Wir müssen auch unsere Lieben hier lassen;

dass es unabdingbar ist, müssen wir fassen.

Was wir schufen, bleibt hienieden ohne uns zurück.

In vielen achtbaren Werken bauten wir unser Glück.

Körper und Geist hatten wir mühevoll entwickelt.

Seele bleibt, sie ist nicht im Irdischen verwickelt.

Statt weiter emsig zuzupacken, sollen wir auf Hoffnung setzen.

Dass oben vielleicht nur das Nichts west, füllt uns mit Entsetzen.

Möglich wäre auch Strafgericht für Schuld und manch Versäumen.

„Lass Güte überwiegen!" rufen wir beim scheidenden Aufbäumen.

Leben

Herr, was zwingst Du uns in Leid und Not,

bis wir uns wünschen den baldigen Tod.

Lass uns doch besser im irdischen Paradiese wähnen!

Warum sollen wir uns nach jenseitigem Glücke sehnen?

Uns genügen Nahrung, Wohnung, Frieden und die Liebe.

Du selber schufst doch die uns befriedigenden Triebe!

Warum jagst Du uns aus voll genügendem Nest hinaus?

Wir brauchen nichts Besseres – wir befürchten eher Graus.

Doch offenbar sollen wir uns in Demut und Sehnsucht beugen,

bescheiden sein, neues Leben zeugen, den Fortgang nicht hassen,

uns auf vage Hoffnung hin auf reine Freiheit bei Dir verlassen.

Der brüchigen Welt ist ewige Dauer nicht beschieden.

Wir müssen uns öffnen für Deinen jenseitigen Frieden.

Leid und Tod sind Übergang – die Erfüllung ist dann lang.

Recht und Staat

„Warum haben Sie als Militärrichter gegen Deserteure Todesurteile gefällt?"

fragt zu Zeiten der Demokratie ein Redakteur den Juristen der Diktatur -

„Weil es damals Recht war, so kann es übrigens heute nicht Unrecht sein!"

entgegnete der nunmehrige hochgestellte, unangreifbare Politiker.

„Warum haben Sie als Wehrmachtsoffizier 100 Geiseln erschießen lassen?"

fragt ein Reporter zurzeit der Grundrechtsgeltung den Ex-Hauptmann –

„Alles Lüge! Übrigens haben damals bei unserem Rückzug die Partisanen 10

Soldaten ermordet!" antwortete der jetzt hochgeachtete Staatsmann.

„Warum haben Sie jahrelang täglich 300 jüdische Personen ins Gas getrieben?"

fragt ein Staatsanwalt zu Zeiten des Rechtsstaats den früheren SS-Feldwebel –

„Weil es Befehl war in Sachen Rassenreinheit, handelte ich pflichtgemäß!"

sagte der heute erfolgreiche, angesehene Kleinunternehmer.

„Warum haben Sie gefangene Menschen geprügelt und verhungern lassen?"

fragt ein Ankläger den gemeinen Soldaten zurzeit der NS-Herrschaft –

„Weil es Krieg war und es mir meine Vorgesetzten angeschafft haben!"

rief unbeherrscht der seit langem nervenleidende Rentner.

„Gab es denn nie Zweifel über Recht und Unrecht trotz des Faschismus?"

fragen heutzutage junge Staatsbürger aus der Sicht neuer Verhältnisse.

Lehrstühle

Wo seid ihr Herren, die ich schätzte, die mich schätzten?

Eure Lehre mich tief berührte, euer Lob ich kaum verstand!

Dahin wohl in ein fernes Land, ich vermisse eure fördernde Hand.

Ihr akademischen Leute, ihr wart zu Haus in Historie, nie im Heute.

Euer Trachten galt dem Alten – als ewig wolltet ihr Essenz verwalten.

Ihr wart keine Pädagogen, konntet den Nachwuchs nur gelinde loben.

Die universitäre Freiheit habt ihr immer respektiert,

eine engere Bindung eurer Studiosi habt ihr nicht riskiert.

Interesseloses Forschen konntet ihr pflegen – keinen direkt anregen.

Die seelische Zündung von Lehrer und Schüler kam nicht zustande.

Allein verharrten die suchenden Schüler im überbordenden Bücherlande.

Doch Jahre später ging eure Saat noch auf – ich hoffe, ihr seid deshalb wohlauf!

Gott und Natur

Erst in höheren Jahren steht es uns an,

die Ahnung als Gewissheit zu wagen,

was Geist über und in Natur für uns getan.

Gott ist geistigste Natur in Person-Gestalt,

uns ähnlich, zeitlos; daher niemals alt.

Er handelt im Guten mit uns im Verstand-Gefühl,

feinnervig über und in biologischem Gewühl.

Er langt nicht derb in sein freigesetztes, irdisches Leben.

Mahnend und sanft steuernd pflegt er Impulse zu geben.

Sein Einwirken ist stetig, immer feiner als fein.

Sogar Instinkte fügen sich in sein Kraftfeld ein.

Würden auf ihre innere Stimme hören sogar die Starken,

müssten die Schwachen nicht auf rettende Eingriffe warten.

Der Krieg

Bei Kriegsberichterstattung wird durchgängig verschwiegen,

wie verkrüppelt und zerquetscht die Soldatenleichen daliegen.

Fotos und deutliche Aussagen werden konfisziert,

damit keiner betroffen ist, wie ein `Held´ krepiert.

Von Raketen gehetzt, von Bomben zerfetzt, von Trümmern erschlagen –

vor solch erschreckender Sachlage ergeben sich allerlei kritische Fragen:

Was war Anlass, wo fing das Morden an, warum es nie zum Kompromisse kam?

Wer hielt sogar den militärtaktischen Erstschlag für berechtigt im Siegeswahn?

Von Eskalierung der Kämpfe ist im Vorfeld nie die Rede,

man verharmlost den Streitfall als eine kurzfristige Fehde.

Den Witwen, Eltern, Waisen und Krüppeln hilft später kein Richter.

Vor dem Wüten warnen Denker, nach dem Chaos klagen die Dichter.

Darum zeigt auf des Krieges Teufelsgesicht und auf alle Schrecken.

Lasst euch nicht einreden, dass ihr werdet lang gefeierte Recken!

Die Dekoration mit Orden ist entwertet durch entsetzliches Morden.

Welt vor Gott

Herr, Du überblickst das geschlossene System unserer Welt.

Hoch überlegen schaust Du auf uns dreidimensionale Mikroben.

Du kennst die bisherigen Jahrmilliarden und die künftigen tausende.

Im Gleichgewicht hielt Dein `Experiment Mensch´ unsere Taten:

Gelingen und Misslingen, Gut und Böse, Bleibendes und Zerfallenes.

Glaubst Du noch, dass die Gabe der Freiheit alles positiv enden lässt?

Wirst Du in einem neuerlichen Versuch den Menschen gebundener schaffen

in der Hoffnung, dass das Negative unterbleibt und Dir alles gefallen wird?

Belässt Du es dann bei den Schöpfungsstufen von Pflanzen und Tiermenschen,

so dass sich die Schöpfung ohne Mutwillen und Versagen in Harmonie rundet?

Oder sind Schädigung und Vernichtung bereits im Werdeprozess angelegt,

so dass uns das Theodizeeproblem nur auf theoretischer Ebene aufregt?

Sind Gestaltungswille und Gefühl die Nebenprodukte des Geschenkes `Geist´?

Müssen wir vertrauen, dass Du über Leid und Tod hinaus Vollkommenes weißt?

Im Alter

Was ist? Leichte oder schwerere Beschwerden, entspannte Freuden,

Gleichmaß und mäßiger Genuss; Bei-sich-Sein, endlich frei zu denken:

Wozu dies Leben – wachsen, lernen, arbeiten, erwerben und schenken.

Was war? Allerlei Hürden galt es zu überspringen vom Kind zum Pensionär.

Früher stets Sorge ums ausreichende Einkommen, jetzt reicht wohl das Salär.

Krankheiten, Niederlagen, Verluste, immer Wechsel von Freuden und Sorgen;

doch stets wieder Befriedigung, Erfolge und Feste, Hochgefühle am Morgen.

Was bleibt? In Siege und Niederlagen sich schwer belastende Fragen mengen:

War insgesamt alles gut oder eher schlecht? Gewissen ist nicht zu verdrängen!

Es erweist sich Unlöschbarkeit eigener Geschichte: Du siehst dich vor Gerichte.

Es gibt kein Zurück, keine Wiedergeburt – das Ende droht – eine letzte Furt…

Verbleiben Lachen oder Leiden, wo du nicht anders kannst mehr entscheiden?

Gibt es Menschen, die um dich weinen, oder Personen, die dich verfluchen?

Berufst du dich auf Zwänge, wo es galt, eigene Verantwortung zu suchen?

Kannst du beruhigt scheiden, weil du strebtest, Unglück zu vermeiden?

Separation und Annexion

Aus Nachbarn werden Feinde,

Gegner nun, die bisher Nähe einte.

Ein Staat wirbt an, der andere gibt nicht her;

nun sprechen Politik, Militär und Bürgerwehr.

Sofort sind Hass und Kampfeslust zur Stelle,

viele greifen zu Feuer und Waffen schnelle.

Man will ausscheren, klammern oder frei sein;

zu entscheiden für A oder B muss man bereit sein.

Warum sagen wenige Leute: „Uns war es recht."

Ist es nun besser, wenn es geht allen schlecht?

Wie kommen Zerstörungstrieb und Mordlust hoch?

Anarchie, Chaos und Staatswahn reißen alle ins Loch.

Würden Bürgergeist und Friedenswille gefestigt sein,

könnten A und B nicht sagen, dies war oder ist jetzt mein.

Vernunft sollte Anschluss oder Abkehr klug besiegen,

dann hätten Volksgruppen in Nationen ihren Frieden.

Gottes Antwort

Die Erde gab ich euch als geschlossenes System.

Was ihr damit machtet, war dann euer Problem.

Ihr habt geschädigt Wasser, Luft und nährenden Boden.

Das Feuer nutztet ihr zum Niederbrennen und Roden.

Die Kraft der Elemente verwendetet ihr für Zerstörung.

Sogar das Leben bautet ihr um – zu meiner Empörung.

Ausbeutung und gar Morden waren eure finalen Ziele.

Nie habt ihr geachtet der Menschen und Tiere Gefühle.

Ihr habt auch nicht gehütet mein göttliches Licht.

Den Mythos vom Erkenntnisbaum begrifft ihr nicht.

Vom Verstand habt ihr nicht weise Gebrauch gemacht.

So stürze ich diese Schöpfung wieder hinab in die Nacht!

Vielleicht wird in Äonen ein besserer Anfang begonnen.

Diese Generation von Geisttieren kann ich nicht schonen.

Ich werde das himmlische Feuer den Engeln übergeben.

Nur Behutsamkeit und Freude fügen sich ins ewige Leben.

Diese 70 Gedichte entstanden in den Jahren 1989-2014 (erschienen im G. Schäfer Verlag bis 10.7.2017 unter dem Titel *Fragen zu Diesseits und Jenseits*). Der Autor beobachtete in diesen Jahren die Vorgänge in Staat, Kirche und Gesellschaft. Die Zeitkritik verdankt sich auch dem Lesen weitverbreiterter Tageszeitungen. In diesen Jahren entwickelten sich ebenso seine beiden bibeltheologischen Bücher „moderner existenzieller Theologie".

Kurzbiographie des Autors

Dr. Friedrich Wambsganz ist 1945 in

Peißenberg geboren, hat nach dem Germanistik-

- und Theologiestudium an der LMU München

38 Jahre am Gymnasium Weilheim Deutsch- und

Religionsunterricht erteilt, hatte sich nach dem

Abitur in Weilheim – parallel zu Studium und

Beruf - 15 Jahre im öffentlichen Leben betätigt

(u.a. Kreisrat). Er hielt 2010 bis 2017 an der

Münchner Ludwig-Maximilians-Universität,

am Lehrstuhl Religionspädagogik, Seminare

zum Thema „Religion in Literatur" (zu Thomas

Mann, Hermann Hesse, Bertolt Brecht, Max

Frisch) und in der Germanistik (Thomas Mann,

Alfred Döblin, Theodor Fontane) ab. Er ist Autor

von drei lit.wiss., zwei bibeltheol. Werken und

einem Gedichtband. Diss. 1998 über A. Döblin.